# Magiske Eventyr: Engelsk-Danske Børnefortællinger

## Artici English

Published by Artici English, 2024.

MAGISKE EVENTYR: ENGELSK-DANSKE BØRNEFORTÆLLINGER

**First edition. June 1, 2024.**



ISBN: 979-8224878352

Written by Artici English.

# Indhold

# The Giant with the Sore Nose

IN THE HEART OF THE whimsical town of Gigglesworth, nestled between rolling hills and sparkling streams, lived a giant named Gilbert. Now, Gilbert wasn't just any giant. He was the tallest giant anyone had ever seen. His head reached the clouds, and his feet caused tiny tremors with every step. But despite his enormous size, Gilbert was the kindest soul in all of Gigglesworth.

One sunny morning, as Gilbert was picking apples from the tallest trees for his breakfast, he felt a strange tickle in his nose. He rubbed it gently, hoping it would go away, but the tickle turned into a twinge, and the twinge quickly became a throbbing pain.

"Oh dear," Gilbert muttered to himself. "This doesn't feel right at all."

Determined to find a solution, Gilbert decided to seek help from the townsfolk. With careful steps to avoid squashing any cottages, he made his way to the center of Gigglesworth. The townspeople, who were quite accustomed to Gilbert's visits, greeted him warmly.

"Good morning, Gilbert!" called out Mrs. Whittle, the baker, who was busy preparing her famous cinnamon buns. "What brings you to town today?"

Gilbert leaned down, so his enormous face was level with Mrs. Whittle. "Good morning, Mrs. Whittle. I have a terrible sore nose, and I don't know what to do about it."

Mrs. Whittle looked concerned. "Oh dear! A sore nose, you say? Perhaps Doctor Dabble can help."

Doctor Dabble was the town's most ingenious inventor and healer. He lived in a quaint house overflowing with curious contraptions and peculiar potions. Gilbert made his way to Doctor Dabble's, hoping for a remedy.

"Doctor Dabble! Are you home?" Gilbert's voice boomed as he gently knocked on the door.

The door swung open, and a small, bespectacled man with wild gray hair popped his head out. "Ah, Gilbert! Come in, come in! What seems to be the problem?"

Gilbert explained his sore nose, and Doctor Dabble listened intently, nodding along. "Hmm, a sore nose on a giant... This is quite the puzzle. But worry not, I love a good challenge!"

Doctor Dabble rummaged through his shelves, pulling out various bottles and gadgets. He handed Gilbert a peculiar-looking contraption. "Here, try this nose soother. It's a special device I invented. Just place it on your nose, and it should help alleviate the pain."

Gilbert took the device, which looked like a tiny hammock for his nose, and carefully placed it over his sore spot. For a moment, it seemed to work, but then the tickling sensation returned, worse than before.

"Oh no, it's not working!" Gilbert exclaimed, trying not to sneeze and cause a mini earthquake.

Doctor Dabble scratched his head. "Hmm, it seems we need something more. Perhaps a soothing balm?"

The inventor mixed a special balm from lavender and chamomile, hoping it would do the trick. Gilbert applied it gently, but still, the pain persisted.

Feeling a bit disheartened, Gilbert thanked Doctor Dabble and made his way back to the town square. The townsfolk had gathered, all eager to help their giant friend.

"Have you tried a warm honey and lemon drink?" suggested Mr. Bumble, the beekeeper. "It works wonders for my sore throat."

Gilbert nodded and thanked Mr. Bumble. He carefully sipped the giant-sized mug of warm honey and lemon that the townsfolk had prepared. It was delicious, but it didn't seem to reach his sore nose.

Just as Gilbert was about to give up hope, a small voice piped up from the crowd. It was little Millie, the town's most adventurous child.

"Gilbert, have you tried finding out what's causing the soreness? Maybe there's something stuck in your nose!"

The townspeople murmured in agreement. It was a simple idea, but no one had thought of it yet.

Gilbert gently tilted his head back and looked up, trying to see if there was anything unusual. To his surprise, he noticed a tiny speck of something sparkling deep inside his nostril.

"I think I see something!" he exclaimed.

With the help of Doctor Dabble's special tweezers, Gilbert carefully extracted the sparkling object. It was a tiny, shimmering feather!

"Well, would you look at that!" Doctor Dabble marveled. "A magical feather! No wonder your nose was sore. These feathers are known to cause all sorts of tickles and pains."

The townsfolk cheered as Gilbert's nose instantly felt better. He beamed down at them, grateful for their help and support.

"Thank you, everyone! I couldn't have done it without you," Gilbert said, his booming voice filled with joy.

From that day on, Gilbert always made sure to check his nose for any pesky magical feathers. And the townspeople of Gigglesworth were always ready to help their giant friend, no matter how big or small the problem.

And so, in the heart of Gigglesworth, amidst the rolling hills and sparkling streams, lived a giant named Gilbert, who was not only the tallest giant anyone had ever seen but also the happiest, thanks to his caring friends.

# Kæmpen med den ømme næse

I HJERTET AF DEN FORTRYLLENDE by Gigglesworth, mellem bølgende bakker og glitrende bække, boede en kæmpe ved navn Gilbert. Nu var Gilbert ikke bare en hvilken som helst kæmpe. Han var den højeste kæmpe, nogen nogensinde havde set. Hans hoved nåede op til skyerne, og hans fødder forårsagede små rystelser med hvert skridt. Men på trods af sin enorme størrelse var Gilbert den venligste sjæl i hele Gigglesworth.

En solrig morgen, mens Gilbert plukkede æbler fra de højeste træer til sin morgenmad, følte han en mærkelig kilden i sin næse. Han gned den forsigtigt, i håb om at det ville gå væk, men kilen blev til en murren, og murren blev hurtigt til en dunkende smerte.

”Åh nej,” mumlede Gilbert til sig selv. ”Dette føles slet ikke rigtigt.”

Beslutsom på at finde en løsning besluttede Gilbert sig for at søge hjælp fra byens folk. Med forsigtige skridt for at undgå at klemme nogle hytter, begav han sig mod centrum af Gigglesworth. Byens folk, som var ganske vant til Gilberts besøg, hilste ham varmt.

”Godmorgen, Gilbert!” råbte fru Whittle, bageren, som var travlt optaget af at forberede sine berømte kanelboller. ”Hvad bringer dig til byen i dag?”

Gilbert lænede sig ned, så hans enorme ansigt var i niveau med fru Whittle. "Godmorgen, fru Whittle. Jeg har en frygtelig øm næse, og jeg ved ikke, hvad jeg skal gøre ved det."

Fru Whittle så bekymret ud. "Åh nej! En øm næse, siger du? Måske kan doktor Dabble hjælpe."

Doktor Dabble var byens mest geniale opfinder og healer. Han boede i et hyggeligt hus, der var fyldt med mærkelige dimser og pudsige eliksirer. Gilbert begav sig til doktor Dabbles hus i håb om en kur.

"Doktor Dabble! Er du hjemme?" Gilberts stemme rungede, da han forsigtigt bankede på døren.

Døren gik op, og en lille, brilleklædt mand med vildt gråt hår stak hovedet ud. "Ah, Gilbert! Kom ind, kom ind! Hvad ser ud til at være problemet?"

Gilbert forklarede sin ømme næse, og doktor Dabble lyttede opmærksomt, nikkende undervejs. "Hmm, en øm næse på en kæmpe... Dette er lidt af en gåde. Men frygt ej, jeg elsker en god udfordring!"

Doktor Dabble rodede rundt på sine hylder og trak forskellige flasker og dimser frem. Han rakte Gilbert en mærkelig dims. "Her, prøv denne næseberoliger. Det er en særlig opfindelse, jeg har lavet. Placer den blot på din næse, og den skulle hjælpe med at lindre smerten."

Gilbert tog dimsen, som lignede en lille hængekøje til hans næse, og placerede den forsigtigt over sit ømme sted. I et øjeblik så det ud til at virke, men så vendte kilden tilbage, værre end før.

”Åh nej, det virker ikke!” udbrød Gilbert og prøvede at lade være med at nyse og forårsage et mini-jordskælv.

Doktor Dabble kløede sig i hovedet. ”Hmm, det ser ud til, at vi har brug for noget mere. Måske en beroligende salve?”

Opfinderen blandede en særlig salve af lavendel og kamille i håb om, at det ville hjælpe. Gilbert påførte den forsigtigt, men stadig vedblev smerten.

En smule nedtrykt takkede Gilbert doktor Dabble og begav sig tilbage til torvet. Byens folk var samlet, alle ivrige efter at hjælpe deres kæmpeven.

”Har du prøvet en varm honning- og citron drik?” foreslog hr. Bumble, biavleren. ”Det gør underværker for min ømme hals.”

Gilbert nikkede og takkede hr. Bumble. Han nippede forsigtigt til den gigantiske krus med varm honning og citron, som byens folk havde lavet. Det smagte dejligt, men det nåede ikke hans ømme næse.

Lige som Gilbert var ved at miste håbet, lød en lille stemme fra mængden. Det var lille Millie, byens mest eventyrlystne barn.

”Gilbert, har du prøvet at finde ud af, hvad der forårsager ømheden? Måske er der noget, der sidder fast i din næse!”

Byens folk mumlede enstemmigt. Det var en simpel idé, men ingen havde tænkt på det endnu.

Gilbert lænede forsigtigt hovedet tilbage og kiggede op, prøvende at se om der var noget usædvanligt. Til sin overraskelse så han en lille plet af noget, der glimtede dybt inde i sin næse.

”Jeg tror, jeg kan se noget!” udbrød han.

Med hjælp fra doktor Dabbles specielle pincet trak Gilbert forsigtigt det glimtende objekt ud. Det var en lille, skinnende fjer!

”Nå, se bare dér!” beundrede doktor Dabble. ”En magisk fjer! Ikke underligt, at din næse var øm. Disse fjer er kendt for at forårsage al slags kilden og smerte.”

Byens folk jublede, da Gilberts næse straks føltes bedre. Han strålede ned til dem, taknemmelig for deres hjælp og støtte.

”Tak, alle sammen! Jeg kunne ikke have gjort det uden jer,” sagde Gilbert, hans rungende stemme fyldt med glæde.

Fra den dag sørgede Gilbert altid for at tjekke sin næse for irriterende magiske fjer. Og byens folk i Gigglesworth var altid klar til at hjælpe deres kæmpeven, uanset hvor stort eller lille problemet var.

Og så, i hjertet af Gigglesworth, blandt bølgende bakker og glitrende bække, boede en kæmpe ved navn Gilbert, som ikke kun var den højeste kæmpe, nogen nogensinde havde set, men også den lykkeligste, takket være sine omsorgsfulde venner.

# Miranda and the Magic Pearl

BENEATH THE SPARKLING waves of the turquoise sea, in a kingdom where fish swam through coral castles and seahorses pulled golden carriages, lived a young mermaid named Miranda. Miranda was unlike any other mermaid. While others were content playing among the seaweed and racing dolphins, Miranda was always seeking adventure.

One day, while exploring the deepest part of the ocean where the light barely reached, Miranda discovered a hidden cave. As she swam closer, she noticed a faint glow emanating from within. Her heart raced with excitement and curiosity.

Inside the cave, Miranda found an enormous, shimmering pearl resting on a bed of sea anemones. The pearl was unlike any she had ever seen. It glowed with a magical light and seemed to hum softly, as if it held secrets waiting to be discovered.

Miranda gently picked up the pearl, feeling its warmth in her hands. Suddenly, the cave lit up with vibrant colors, and an ancient sea turtle appeared. He had a wise look in his eyes and a shell adorned with intricate patterns.

"Greetings, young mermaid," the turtle said in a deep, soothing voice. "I am Tiberius, the guardian of the Magic Pearl. You have been chosen to embark on a great adventure."

Miranda's eyes widened. "An adventure? What kind of adventure?"

Tiberius smiled. "The Magic Pearl holds incredible powers, but it has been lost for centuries. It can grant wishes, heal the sick, and bring peace to the ocean. However, it must be placed in the Coral Crown at the heart of the Ocean Palace to restore its full power. Many dangers lie ahead, but I believe you have the courage and heart to succeed."

Miranda's tail flicked with excitement. "I accept the challenge, Tiberius. I'll bring the pearl to the Coral Crown."

With the Magic Pearl securely tucked in her satchel, Miranda set off on her journey. She swam through enchanted forests of kelp, across vast underwater deserts, and through swirling whirlpools. Along the way, she encountered all sorts of sea creatures. Some were friendly and offered their help, while others, like the mischievous barracuda brothers, tried to steal the pearl for themselves.

One evening, as Miranda rested in the safety of a coral grotto, she met a small, timid clownfish named Nemo. Nemo had heard tales of the Magic Pearl and its powers.

"Miranda," he said shyly, "I've always dreamed of being brave like you. Can I join you on your adventure?"

Miranda smiled warmly. "Of course, Nemo. Every great adventurer needs a loyal friend by their side."

Together, they continued their journey, facing challenges and making new friends. They met a wise old octopus named

Octavia, who taught them to navigate through treacherous underwater canyons. They befriended a playful pod of dolphins, who showed them secret shortcuts through the ocean. And they even outsmarted a sneaky shark named Silas, who had been hired by the evil sea witch, Morgana, to steal the pearl.

As they drew closer to the Ocean Palace, the waters grew darker and more foreboding. Morgana's lair was near, and she was determined to stop them. With her dark magic, Morgana created a massive storm, whipping the sea into a frenzy. The waves crashed violently, and lightning flashed across the sky.

Miranda and Nemo struggled against the storm, but Morgana's magic was strong. Just when it seemed they might be lost, Tiberius appeared once more.

"Use the pearl's power, Miranda," he urged. "It can protect you."

Miranda held the pearl tightly and focused on its warmth. A radiant light burst forth, calming the storm and dispelling Morgana's dark magic. With the way clear, they swam swiftly to the Ocean Palace.

Inside the grand hall, at the center of the palace, stood the Coral Crown. It was a beautiful structure made of the rarest corals, glowing softly in the dim light. Miranda approached it reverently and placed the Magic Pearl in its center.

A brilliant light filled the palace, and the waters around them shimmered with every color of the rainbow. The Magic Pearl's power spread throughout the ocean, healing the sick, restoring peace, and granting the wishes of all who believed in its magic.

Morgana's dark influence was banished, and she was never seen again. The ocean thrived, and the creatures of the sea rejoiced. Miranda and Nemo were hailed as heroes, their bravery and friendship celebrated by all.

Tiberius looked on proudly. "You have done well, Miranda. The ocean is in your debt. Remember, true magic lies not in the pearl but in the courage and kindness of those who believe."

Miranda smiled. "Thank you, Tiberius. I've learned that even the smallest creatures can make a big difference, and that adventures are always better with friends."

And so, in the vibrant kingdom beneath the waves, Miranda continued to seek out new adventures with Nemo by her side, knowing that as long as they had courage and each other, there was nothing they couldn't achieve.

# Miranda og den Magiske Perle

UNDER DE FUNKLENDE bølger af det turkise hav, i et rige hvor fisk svømmede gennem koralpaladser og søheste trak gyldne kareter, boede en ung havfrue ved navn Miranda. Miranda var ikke som nogen anden havfrue. Mens andre var tilfredse med at lege blandt tangplanterne og kapløbe med delfinerne, søgte Miranda altid eventyr.

En dag, mens hun udforskede den dybeste del af havet, hvor lyset knap nok nåede, opdagede Miranda en skjult hule. Da hun svømmede nærmere, bemærkede hun et svagt skær, der kom inde fra hulen. Hendes hjerte bankede af spænding og nysgerrighed.

Inde i hulen fandt Miranda en enorm, skinnende perle, der hvilede på en seng af søanemoner. Perlen var ikke som nogen, hun nogensinde havde set. Den glødede med et magisk lys og syntes at nynne blidt, som om den gemte på hemmeligheder, der ventede på at blive opdaget.

Miranda tog forsigtigt perlen op og mærkede dens varme i sine hænder. Pludselig blev hulen oplyst af livlige farver, og en ældgammel havskildpadde dukkede op. Han havde et klogt blik i øjnene og en skjold prydet med indviklede mønstre.

"Goddag, unge havfrue," sagde skildpadden med en dyb, beroligende stemme. "Jeg er Tiberius, vogter af den Magiske Perle. Du er blevet udvalgt til at begive dig ud på en stor eventyr."

Mirandas øjne blev store. "Et eventyr? Hvilken slags eventyr?"

Tiberius smilede. "Den Magiske Perle rummer utrolige kræfter, men den har været tabt i århundreder. Den kan opfylde ønsker, helbrede de syge og bringe fred til havet. Men den skal placeres i Koralkronen i hjertet af Havpaladset for at genvinde sin fulde kraft. Mange farer venter, men jeg tror, at du har modet og hjertet til at lykkes."

Mirandas hale flakkede af spænding. "Jeg accepterer udfordringen, Tiberius. Jeg vil bringe perlen til Koralkronen."

Med den Magiske Perle sikkert gemt i sin taske, begav Miranda sig ud på sin rejse. Hun svømmede gennem fortryllede tangskove, over vidtstrakte undervandsørkener og gennem hvirvlende hvirvelstrømme. Undervejs mødte hun alle slags havvæsener. Nogle var venlige og tilbød deres hjælp, mens andre, som de frække barracuda-brødre, forsøgte at stjæle perlen.

En aften, mens Miranda hvilede sig i sikkerheden af en koralgrotte, mødte hun en lille, genert klovnfisk ved navn Nemo. Nemo havde hørt historier om den Magiske Perle og dens kræfter.

"Miranda," sagde han genert, "jeg har altid drømt om at være modig som dig. Må jeg slutte mig til dig på dit eventyr?"

Miranda smilede varmt. "Selvfølgelig, Nemo. Enhver stor eventyrer har brug for en loyal ven ved sin side."

Sammen fortsatte de deres rejse, hvor de stod over for udfordringer og fik nye venner. De mødte en klog gammel blæksprutte ved navn Octavia, som lærte dem at navigere gennem farlige undervandskløfter. De blev venner med en legesyg flok delfiner, som viste dem hemmelige genveje gennem havet. Og de overlistede endda en snedig haj ved navn Silas, der var blevet hyret af den onde havheks, Morgana, til at stjæle perlen.

Da de nærmede sig Havpaladset, blev vandet mørkere og mere truende. Morganas hule var nær, og hun var fast besluttet på at stoppe dem. Med sin sorte magi skabte Morgana en enorm storm, der piskede havet til en vanvittig rusken. Bølgerne slog voldsomt mod dem, og lynene blinkede over himlen.

Miranda og Nemo kæmpede mod stormen, men Morganas magi var stærk. Lige da det så ud til, at de kunne blive tabt, dukkede Tiberius op igen.

"Brug perlens kraft, Miranda," opfordrede han. "Den kan beskytte jer."

Miranda holdt perlen tæt og fokuserede på dens varme. Et strålende lys brød frem, beroligende stormen og fordrev Morganas mørke magi. Med vejen klar, svømmede de hurtigt til Havpaladset.

Inde i den store sal, i centrum af paladset, stod Koralkronen. Det var en smuk struktur lavet af de sjældneste koraller, der glødede blidt i det dæmpede lys. Miranda nærmede sig den ærbødigt og placerede den Magiske Perle i midten.

Et strålende lys fyldte paladset, og vandene omkring dem skinnede i alle regnbuens farver. Den Magiske Perles kraft spredte sig gennem havet, helbredende de syge, genoprettende freden og opfyldende ønskerne hos alle, der troede på dens magi.

Morganas mørke indflydelse blev fordrevet, og hun blev aldrig set igen. Havet blomstrede, og havets skabninger jublede. Miranda og Nemo blev hyldet som helte, deres mod og venskab fejret af alle.

Tiberius så stolt på. "Du har gjort det godt, Miranda. Havet skylder dig en stor tak. Husk, at ægte magi ikke ligger i perlen, men i modet og venligheden hos dem, der tror."

Miranda smilede. "Tak, Tiberius. Jeg har lært, at selv de mindste væsener kan gøre en stor forskel, og at eventyr altid er bedre med venner."

Og så, i det livlige rige under bølgerne, fortsatte Miranda med at søge nye eventyr med Nemo ved sin side, vidende at så længe de havde mod og hinanden, var der intet, de ikke kunne opnå.

# Darian and the Dragon's Dilemma

IN THE WHIMSICAL TOWN of Tickleton, where everyone giggled at least twice a day and cats wore little hats, lived a boy named Darian. Darian was a clever and curious lad, always dreaming of grand adventures. His favorite tales were of knights and dragons, and he often imagined himself riding a majestic dragon through the skies.

One fine morning, as the sun shone brightly over Tickleton, Darian decided to explore the nearby Whispering Woods. He packed his knapsack with a few essentials: a sandwich, a flask of apple juice, and his trusty magnifying glass. Off he went, whistling a merry tune.

The Whispering Woods were filled with ancient trees whose leaves seemed to whisper secrets to anyone who would listen. Darian loved the woods, with their magical aura and hidden wonders. As he wandered deeper, he heard a soft, sorrowful cry. It sounded like someone was in trouble.

Following the sound, Darian came across a clearing. There, to his astonishment, he saw a dragon! But not just any dragon—this one was small, about the size of a pony, and looked very young. Its scales were a brilliant emerald green, and its eyes were filled with tears.

"Hello," Darian called out gently, trying not to startle the creature. "Why are you crying?"

The dragon looked up, surprised but relieved to see a friendly face. "Oh, hello. My name is Emerald. I'm crying because I've lost my fire."

Darian blinked in surprise. "Lost your fire? How did that happen?"

Emerald sniffled. "I was practicing my flame-breathing, trying to impress my parents, but something went wrong. Now, no matter how hard I try, I can't breathe fire. Without my fire, I can't return to Dragon Mountain. My parents will be so worried!"

Darian felt a pang of sympathy. He couldn't imagine how awful it must feel for a dragon to lose its fire. "Don't worry, Emerald. I'll help you get your fire back. Let's figure this out together."

Emerald's eyes brightened with hope. "Thank you, Darian! You're very kind."

And so, their adventure began. Darian and Emerald set off to find a way to restore Emerald's fire. They visited the wise old owl, Oswald, who lived in the tallest tree in the Whispering Woods.

Oswald adjusted his spectacles and listened carefully as Darian and Emerald explained the problem. "Hmm," he said, ruffling his feathers thoughtfully. "It sounds like a case of the Dragon's Dilemma. When a young dragon is too eager or anxious, it can sometimes lose its fire. The key to restoring it is finding inner peace and confidence."

"But how do I find inner peace and confidence?" Emerald asked, looking worried.

Oswald smiled kindly. "You must embark on a journey of self-discovery. Along the way, you'll encounter challenges that will help you learn and grow. Only then will your fire return."

Darian and Emerald thanked Oswald and set off on their journey. They traveled through the Enchanted Forest, where trees glowed with magical light, and flowers sang sweet melodies. They crossed the Crystal Lake, its waters sparkling like diamonds under the sun.

Their first challenge came when they encountered a mischievous sprite named Trixie, who loved playing tricks on travelers. She had stolen the enchanted ruby that lit the path to the Cave of Echoes, their next destination.

Trixie flitted around them, giggling. "If you want the ruby, you must solve my riddle! What has keys but can't open locks?"

Darian thought hard. He loved riddles and puzzles. Suddenly, he smiled. "A piano! A piano has keys but can't open locks."

Trixie clapped her tiny hands in delight. "Correct! Here's your ruby. Good luck on your journey!"

With the ruby lighting their way, they entered the Cave of Echoes. Inside, they faced their next challenge: a series of tunnels, each echoing with their voices. They had to find the right tunnel that would lead them to the Heart of the Mountain.

"Listen carefully," Darian advised. "The correct tunnel will echo our true words."

They walked through the tunnels, repeating phrases. Most tunnels distorted their words, but finally, one tunnel echoed back clearly: "We believe in ourselves."

"This is the one!" Emerald said confidently.

Following the echo, they reached the Heart of the Mountain, a beautiful chamber filled with glowing crystals. In the center stood a majestic phoenix, its feathers shimmering with fire.

The phoenix gazed at them kindly. "Welcome, brave travelers. Emerald, to restore your fire, you must face your greatest fear."

Emerald trembled. "My greatest fear is disappointing my parents. What if I can't do it?"

Darian placed a comforting hand on Emerald's scales. "You've come this far. You're stronger than you think. Believe in yourself."

With Darian's encouragement, Emerald took a deep breath and stepped forward. The phoenix spread its wings, and a warm, fiery glow surrounded Emerald. The young dragon closed its eyes, focusing on the warmth and the confidence it had gained throughout the journey.

Suddenly, Emerald felt a surge of energy. Opening its eyes, it took a deep breath and exhaled—flames burst forth, lighting up the chamber.

"You did it, Emerald!" Darian cheered.

Emerald beamed with joy. "I did it! My fire is back!"

The phoenix nodded approvingly. "Well done, Emerald. Remember, true strength comes from within. Never forget the journey you've taken and the lessons you've learned."

Emerald and Darian thanked the phoenix and made their way back to Dragon Mountain. Emerald's parents were overjoyed to see their child safe and with its fire restored. They praised Darian for his bravery and kindness.

"You're always welcome at Dragon Mountain, Darian," Emerald's mother said warmly. "You've shown us that even the smallest act of kindness can make a big difference."

Darian smiled, feeling proud of their adventure. "Thank you. I'm glad I could help."

And so, Darian returned to Tickleton with stories of his grand adventure. The townsfolk listened in awe, and from that day on, Darian was known as the boy who helped a dragon find its fire.

As for Emerald, the young dragon continued to grow stronger and more confident, knowing that with friends like Darian, there was no challenge too great.

# Darian og Dragens Dilemma

I DEN FINURLIGE BY Tickleton, hvor alle fnisede mindst to gange om dagen og katte bar små hatte, boede en dreng ved navn Darian. Darian var en klog og nysgerrig dreng, der altid drømte om store eventyr. Hans yndlingshistorier handlede om riddere og drager, og han forestillede sig ofte selv ridende på en majestætisk drage gennem himlen.

En dejlig morgen, mens solen skinnede over Tickleton, besluttede Darian at udforske den nærliggende Whispering Woods. Han pakkede sin rygsæk med et par nødvendigheder: en sandwich, en flaske æblejuice og sit trofaste forstørrelsesglas. Af sted gik han, fløjtende en munter melodi.

Whispering Woods var fyldt med gamle træer, hvis blade syntes at hviske hemmeligheder til enhver, der ville lytte. Darian elskede skoven med dens magiske aura og skjulte vidundere. Mens han vandrede dybere, hørte han en blød, sorgfuld gråd. Det lød som om nogen var i problemer.

Efter lyden kom Darian til en lysning. Der, til hans forbløffelse, så han en drage! Men ikke bare en hvilken som helst drage—denne var lille, omtrent på størrelse med en pony, og så meget ung ud. Dens skæl var en strålende smaragdgrøn, og dens øjne var fyldt med tårer.

"Hej," kaldte Darian blidt, forsøgte ikke at forskrække væsenet.
"Hvorfor græder du?"

Dragen kiggede op, overrasket men lettet over at se et venligt
ansigt. "Åh, hej. Mit navn er Emerald. Jeg græder, fordi jeg har
mistet min ild."

Darian blinkede forbløffet. "Mistede din ild? Hvordan skete
det?"

Emerald snøftede. "Jeg øvede mig på at spytte ild, for at
imponere mine forældre, men noget gik galt. Nu, uanset hvor
meget jeg prøver, kan jeg ikke spytte ild. Uden min ild kan jeg
ikke vende tilbage til Dragebjerget. Mine forældre vil være så
bekymrede!"

Darian følte en bølge af sympati. Han kunne ikke forestille sig,
hvor forfærdeligt det måtte være for en drage at miste sin ild.
"Bare rolig, Emerald. Jeg vil hjælpe dig med at få din ild tilbage.
Lad os finde ud af det sammen."

Emeralds øjne lyste op med håb. "Tak, Darian! Du er meget
venlig."

Og så begyndte deres eventyr. Darian og Emerald satte af sted
for at finde en måde at genoprette Emeralds ild på. De besøgte
den kloge gamle ugle, Oswald, som boede i det højeste træ i
Whispering Woods.

Oswald justerede sine briller og lyttede opmærksomt, mens
Darian og Emerald forklarede problemet. "Hmm," sagde han,
mens han rystede sine fjer tankefuldt. "Det lyder som et tilfælde
af Dragens Dilemma. Når en ung drage er for ivrig eller

ængstelig, kan den nogle gange miste sin ild. Nøglen til at genoprette den er at finde indre fred og selvtillid."

"Men hvordan finder jeg indre fred og selvtillid?" spurgte Emerald, og så bekymret ud.

Oswald smilede venligt. "Du må begive dig ud på en rejse med selvopdagelse. Undervejs vil du støde på udfordringer, der vil hjælpe dig med at lære og vokse. Først da vil din ild vende tilbage."

Darian og Emerald takkede Oswald og satte af sted på deres rejse. De rejste gennem den Fortryllede Skov, hvor træer glødede med magisk lys, og blomster sang søde melodier. De krydsede Krystalsøen, hvis vand glimtede som diamanter under solen.

Deres første udfordring kom, da de stødte på en drilagtig alf ved navn Trixie, der elskede at lave narrestreger med rejsende. Hun havde stjålet den fortryllede rubin, der oplyste stien til Ekkohulen, deres næste destination.

Trixie fløj rundt om dem og fnisede. "Hvis I vil have rubinen, skal I løse min gåde! Hvad har nøgler, men kan ikke åbne låse?"

Darian tænkte hårdt. Han elskede gåder og puslespil. Pludselig smilede han. "Et klaver! Et klaver har nøgler, men kan ikke åbne låse."

Trixie klappede sine små hænder af glæde. "Korrekt! Her er jeres rubin. Held og lykke på jeres rejse!"

Med rubinen, der oplyste deres vej, gik de ind i Ekkohulen. Inde i hulen stod de over for deres næste udfordring: en række tunneller, hver ekkoede med deres stemmer. De skulle finde den rigtige tunnel, der ville føre dem til Hjertet af Bjerget.

”Lyt nøje,” rådede Darian. ”Den rigtige tunnel vil ekko vores sande ord.”

De gik gennem tunnellerne og gentog sætninger. De fleste tunneller forvrængede deres ord, men til sidst fandt de en tunnel, der klart ekkoede: ”Vi tror på os selv.”

”Dette er den rigtige!” sagde Emerald selvsikkert.

De fulgte ekkoet og nåede Hjertet af Bjerget, en smuk sal fyldt med glødende krystaller. I midten stod en majestætisk føniks, hvis fjer skinnede af ild.

Føniksen kiggede venligt på dem. ”Velkommen, modige rejsende. Emerald, for at genoprette din ild, skal du stå over for din største frygt.”

Emerald rystede. ”Min største frygt er at skuffe mine forældre. Hvad hvis jeg ikke kan gøre det?”

Darian lagde en trøstende hånd på Emeralds skæl. ”Du er nået så langt. Du er stærkere, end du tror. Tro på dig selv.”

Med Darians opmuntring tog Emerald en dyb indånding og trådte frem. Føniksen spredte sine vinger, og en varm, brændende glød omringede Emerald. Den unge drage lukkede øjnene og fokuserede på varmen og den selvtillid, den havde opnået under rejsen.

Pludselig følte Emerald en bølge af energi. Da den åbnede øjnene, tog den en dyb indånding og pustede ud—flammer brød frem og oplyste salen.

”Du gjorde det, Emerald!” jublede Darian.

Emerald strålede af glæde. ”Jeg gjorde det! Min ild er tilbage!”

Føniksen nikkede anerkendende. ”Godt gjort, Emerald. Husk, ægte styrke kommer indefra. Glem aldrig den rejse, du har taget, og de lektioner, du har lært.”

Emerald og Darian takkede føniksen og begav sig tilbage til Dragebjerget. Emeralds forældre var overvældet af glæde over at se deres barn sikkert og med sin ild genoprettet. De roste Darian for hans mod og venlighed.

”Du er altid velkommen på Dragebjerget, Darian,” sagde Emeralds mor varmt. ”Du har vist os, at selv den mindste venlighed kan gøre en stor forskel.”

Darian smilede, stolt af deres eventyr. ”Tak. Jeg er glad for, at jeg kunne hjælpe.”

Og så vendte Darian tilbage til Tickleton med historier om hans store eventyr. Byens folk lyttede i ærefrygt, og fra den dag blev Darian kendt som drengen, der hjalp en drage med at finde sin ild.

Som for Emerald, fortsatte den unge drage med at blive stærkere og mere selvsikker, vidende at med venner som Darian, var der ingen udfordring for stor.

# Ollie and the Wizard's Whimsy

IN THE QUAINT LITTLE village of Fiddletown, where everyone had a spring in their step and a song in their heart, lived a boy named Ollie. Ollie was an adventurous and imaginative lad, always dreaming of magical escapades and fantastical creatures. His greatest dream was to meet a real wizard and learn the secrets of magic.

One misty morning, as the sun tried to peek through the clouds, Ollie decided to explore the mysterious Whispering Woods, a place said to be filled with enchantments and old magic. He packed a small satchel with a cheese sandwich, a bottle of lemonade, and his favorite book of fairy tales. With a heart full of excitement, he set off, humming a cheerful tune.

The Whispering Woods were a place of wonder, with trees that seemed to whisper secrets to those who cared to listen. As Ollie ventured deeper, he heard a faint, melodious hum. Following the sound, he came upon a clearing where a peculiar sight awaited him. An old man with a long, silvery beard and a pointy hat, adorned with stars and moons, stood in front of a bubbling cauldron. He was clearly a wizard, just like the ones in Ollie's dreams.

"Hello there," Ollie called out, trying not to startle the old man. "Are you a wizard?"

The wizard looked up, his eyes twinkling with curiosity. "Indeed, I am. My name is Wizard Whimsy. And who might you be, young adventurer?"

"I'm Ollie," the boy replied eagerly. "I've always dreamed of meeting a real wizard. Can you teach me magic?"

Wizard Whimsy stroked his beard thoughtfully. "Ah, magic is a wondrous thing, young Ollie. But it requires more than just desire; it needs heart, courage, and a bit of whimsy. Are you ready for such a journey?"

Ollie nodded vigorously. "I am, Wizard Whimsy! I'll do whatever it takes."

The wizard smiled warmly. "Very well. Let's begin with a simple task. I've lost my magical staff somewhere in these woods. It's a special staff, made of enchanted wood and topped with a crystal that glows with the light of a thousand stars. If you can find it and bring it back to me, I'll know you're ready to learn."

Excited by the challenge, Ollie set off in search of the magical staff. He walked through the whispering trees, listening carefully for any clue. He encountered talking animals, friendly forest sprites, and even a grumpy old troll who insisted on asking riddles.

The troll blocked Ollie's path, his arms crossed and a mischievous grin on his face. "If you wish to pass, you must answer my riddle. What has roots as nobody sees, is taller than trees, up, up it goes, and yet never grows?"

Ollie thought hard, his mind racing through the stories he had read. Suddenly, he remembered a tale about a mighty mountain. "A mountain!" he exclaimed.

The troll grumbled but stepped aside, allowing Ollie to continue. "Very well, you may pass. Good luck on your quest."

After many twists and turns, Ollie finally found the magical staff lying in a bed of glowing flowers. He picked it up carefully, feeling its power surge through him. With a triumphant smile, he hurried back to the clearing where Wizard Whimsy awaited.

"Well done, Ollie!" the wizard exclaimed as he saw the staff. "You have proven yourself resourceful and brave. Now, let us begin your lessons in earnest."

For the next few weeks, Wizard Whimsy taught Ollie the basics of magic. He learned to make objects levitate, create dazzling light shows, and even communicate with animals. But the most important lesson the wizard taught him was about the heart of magic: kindness and imagination.

One day, as they were practicing a spell to make flowers bloom, a dark cloud loomed over the forest. A cold wind blew through the trees, and the air was filled with an eerie silence.

"What's happening, Wizard Whimsy?" Ollie asked, feeling a shiver run down his spine.

The wizard's face grew serious. "An old adversary of mine, the Sorcerer Sombre, has returned. He brings darkness and despair wherever he goes. We must stop him before he can harm the village."

Determined to help, Ollie stood by the wizard's side. "What can I do to help?"

Wizard Whimsy placed a reassuring hand on Ollie's shoulder. "Remember what you've learned. Use your magic and your heart. Together, we can overcome any darkness."

As they ventured deeper into the woods, the trees seemed to close in around them. Shadows danced menacingly, and a chilling laugh echoed through the air. Sorcerer Sombre appeared, his eyes gleaming with malice.

"Ah, Whimsy, you and your little apprentice. How quaint," Sombre sneered. "Do you really think you can defeat me?"

Wizard Whimsy stood tall, his staff glowing with a warm light. "Light always overcomes darkness, Sombre. And this boy has more heart than you could ever understand."

With that, a fierce battle ensued. Sombre conjured dark spells, but Ollie and Wizard Whimsy countered with light and kindness. Ollie remembered the lessons about courage and imagination, using his newfound skills to create shields of light and send bursts of magic towards the sorcerer.

But the turning point came when Ollie noticed a faint glimmer of sadness in Sombre's eyes. Summoning all his courage, he called out, "Why are you so full of darkness? What happened to you?"

For a moment, the sorcerer's attacks faltered. He looked at Ollie with a mixture of surprise and sorrow. "I was once a wizard like Whimsy," Sombre admitted. "But I lost everything I cared about. The darkness consumed me."

Ollie's heart ached for the sorcerer. "It's not too late, Sombre. You can still choose to change. Let us help you find the light again."

Sombre hesitated, and in that moment of vulnerability, Wizard Whimsy stepped forward. "Join us, Sombre. Together, we can bring back the joy and magic you once knew."

The sorcerer looked between them, his eyes softening. With a deep sigh, he lowered his hands, and the dark clouds began to dissipate. "Perhaps there is still hope," he murmured.

In the days that followed, Sombre, now seeking redemption, worked alongside Wizard Whimsy and Ollie to restore the balance of magic in the woods. The village of Fiddletown celebrated the return of peace and the new friendships formed.

Ollie continued his magical training, his heart full of joy and purpose. He knew that true magic came not just from spells and incantations, but from the kindness and courage within.

And so, the boy from Fiddletown, the whimsical wizard, and the redeemed sorcerer lived in harmony, proving that even in the darkest of times, light and love could prevail.

# Ollie og Troldmandens Trylleri

I DEN HYGGELIGE LILLE landsby Fiddletown, hvor alle havde et hop i deres skridt og en sang i deres hjerte, boede en dreng ved navn Ollie. Ollie var en eventyrlysten og fantasifuld dreng, der altid drømte om magiske eskapader og fantastiske væsener. Hans største drøm var at møde en rigtig troldmand og lære magiens hemmeligheder.

En tåget morgen, mens solen forsøgte at kigge gennem skyerne, besluttede Ollie at udforske den mystiske Whispering Woods, et sted, der siges at være fyldt med fortryllelser og gammel magi. Han pakkede en lille taske med en ostesandwich, en flaske limonade og hans yndlingsbog med eventyr. Med et hjerte fuld af spænding satte han af sted, nynnende en munter melodi.

Whispering Woods var et vidunderligt sted, med træer der syntes at hviske hemmeligheder til dem, der lyttede. Da Ollie vovede sig dybere ind i skoven, hørte han en svag, melodisk brummen. Efter lyden kom han til en lysning, hvor et mærkeligt syn ventede ham. En gammel mand med et langt, sølvskæg og en spids hat, pyntet med stjerner og måner, stod foran en boblende kedel. Han var tydeligvis en troldmand, ligesom dem i Ollies drømme.

"Hallo der," kaldte Ollie, prøvede ikke at forskrække den gamle mand. "Er du en troldmand?"

Troldmanden kiggede op, hans øjne funklede af nysgerrighed. "Ja, det er jeg. Mit navn er Troldmand Trylleri. Og hvem er du, unge eventyrer?"

"Jeg er Ollie," svarede drengen ivrigt. "Jeg har altid drømt om at møde en rigtig troldmand. Kan du lære mig magi?"

Troldmand Trylleri strøg sit skæg tankefuldt. "Ah, magi er en vidunderlig ting, unge Ollie. Men det kræver mere end bare lyst; det kræver hjerte, mod og lidt trylleri. Er du klar til en sådan rejse?"

Ollie nikkede energisk.

"Det er jeg, Troldmand Trylleri! Jeg vil gøre, hvad der skal til."

Troldmanden smilede varmt. "Meget vel. Lad os begynde med en simpel opgave. Jeg har mistet min magiske stav et sted i disse skove. Det er en særlig stav, lavet af fortryllet træ og toppet med en krystal, der skinner med lyset fra tusind stjerner. Hvis du kan finde den og bringe den tilbage til mig, vil jeg vide, at du er klar til at lære."

Spændt på udfordringen satte Ollie af sted for at finde den magiske stav. Han gik gennem de hviskende træer, lyttede nøje efter spor. Han mødte talende dyr, venlige skovnymfer og endda en gnaven gammel trold, der insisterede på at stille gåder.

Trolden spærrede Ollies vej, hans arme korsede og et drilagtigt grin på læben. "Hvis du ønsker at passere, skal du svare på min gåde. Hvad har rødder som ingen ser, er højere end træer, op, op det går, og alligevel vokser det aldrig?"

Ollie tænkte hårdt, hans sind løb gennem de historier, han havde læst. Pludselig huskede han en historie om et mægtigt bjerg. "Et bjerg!" udbrød han.

Trolden brummede, men trådte til side og lod Ollie passere. "Meget vel, du må passere. Held og lykke på din søgen."

Efter mange vendinger og drejninger fandt Ollie endelig den magiske stav liggende i en seng af glødende blomster. Han samlede den op forsigtigt og mærkede dens kraft strømme gennem sig. Med et triumferende smil skyndte han sig tilbage til lysningen, hvor Troldmand Trylleri ventede.

"Godt klaret, Ollie!" udbrød troldmanden, da han så staven. "Du har bevist dig selv som ressourcestærk og modig. Nu, lad os begynde dine lektioner for alvor."

I de næste par uger lærte Troldmand Trylleri Ollie de grundlæggende ting om magi. Han lærte at få genstande til at svæve, skabe blændende lysshows og endda kommunikere med dyr. Men den vigtigste lektion, troldmanden lærte ham, handlede om magiens hjerte: venlighed og fantasi.

En dag, mens de øvede en besværgelse for at få blomster til at blomstre, dukkede en mørk sky op over skoven. En kold vind blæste gennem træerne, og luften var fyldt med en uhyggelig stilhed.

"Hvad sker der, Troldmand Trylleri?" spurgte Ollie og følte en kuldegysning løbe ned ad ryggen.

Troldmandens ansigt blev alvorligt. "En gammel fjende af mig, Troldmand Sombre, er vendt tilbage. Han bringer mørke og fortvivlelse, hvor han end går. Vi må stoppe ham, før han kan skade landsbyen."

Beslutsom på at hjælpe stillede Ollie sig ved troldmandens side. "Hvad kan jeg gøre for at hjælpe?"

Troldmand Trylleri lagde en beroligende hånd på Ollies skulder. "Husk, hvad du har lært. Brug din magi og dit hjerte. Sammen kan vi overvinde ethvert mørke."

Da de bevægede sig dybere ind i skoven, syntes træerne at lukke sig om dem. Skygger dansede truende, og en isnende latter rungede gennem luften. Troldmand Sombre dukkede op, hans øjne skinnende af ondskab.

"Ah, Trylleri, dig og din lille lærling. Hvor sødt," hånede Sombre. "Tror I virkelig, at I kan besejre mig?"

Troldmand Trylleri stod rank, hans stav glødende med et varmt lys. "Lys overvinder altid mørke, Sombre. Og denne dreng har mere hjerte, end du nogensinde vil forstå."

Med det begyndte en hård kamp. Sombre fremkaldte mørke besværgelser, men Ollie og Troldmand Trylleri modsatte sig med lys og venlighed. Ollie huskede lektionerne om mod og fantasi og brugte sine nyvundne evner til at skabe skjolde af lys og sende magiske lysglimt mod troldmanden.

Men vendepunktet kom, da Ollie bemærkede et svagt skær af sorg i Sombres øjne. Samlede alt sit mod råbte han: "Hvorfor er du så fuld af mørke? Hvad skete der med dig?"

I et øjeblik vaklede troldmandens angreb. Han så på Ollie med en blanding af overraskelse og sorg. "Jeg var engang en troldmand som Trylleri," indrømmede Sombre. "Men jeg mistede alt, hvad jeg holdt af. Mørket opslugte mig."

Ollies hjerte gjorde ondt for troldmanden. "Det er ikke for sent, Sombre. Du kan stadig vælge at ændre dig. Lad os hjælpe dig med at finde lyset igen."

Sombre tøvede, og i det øjeblik af sårbarhed trådte Troldmand Trylleri frem. "Slut dig til os, Sombre. Sammen kan vi bringe glæden og magien tilbage, som du engang kendte."

Troldmanden kiggede mellem dem, hans øjne blev blødere. Med et dybt suk sænkede han sine hænder, og de mørke skyer begyndte at forsvinde. "Måske er der stadig håb," mumlede han.

I dagene der fulgte, arbejdede Sombre, nu på jagt efter forløsning, sammen med Troldmand Trylleri og Ollie for at genoprette balancen i magien i skoven. Landsbyen Fiddletown fejrede tilbagekomsten af fred og de nye venskaber, der blev dannet.

Ollie fortsatte sin magiske træning, hans hjerte fuld af glæde og formål. Han vidste, at ægte magi ikke kun kom fra besværgelser og formularer, men fra venlighed og mod indeni.

Og således levede drengen fra Fiddletown, den finurlige troldmand og den forløste troldmand i harmoni og beviste, at selv i de mørkeste tider kunne lys og kærlighed sejre.

# Snowy and the Magical Winter Adventure

ONCE UPON A TIME, IN the charming little village of Frostville, where every winter was more enchanting than the last, lived a boy named Max. Max was a cheerful, curious lad who loved the winter season more than anything. He loved the way the snow blanketed the village, turning it into a magical wonderland. But most of all, Max loved building snowmen.

One snowy afternoon, as the flakes gently danced from the sky, Max decided it was the perfect day to create his best snowman yet. He bundled up in his warmest clothes and set off into the front yard, determined to build a snowman that would amaze everyone in Frostville.

Max worked tirelessly, rolling three enormous snowballs and stacking them carefully. He gave his snowman coal eyes, a carrot nose, and a big, friendly smile made of pebbles. He even found an old hat and scarf in the attic to complete the look. As Max stepped back to admire his creation, he couldn't help but feel a little sad that his snowman couldn't move or talk.

"I wish you could come to life and be my friend," Max said wistfully. Little did he know that his wish was about to come true.

That night, as Max slept soundly in his bed, a shooting star streaked across the sky and landed right in the middle of Frostville. Its magical light spread across the village, reaching Max's snowman. The snowman began to shimmer and shake, and before long, he sprang to life!

Max awoke the next morning to the sound of someone calling his name. He rushed to the window and gasped in amazement. There, waving cheerfully at him, was his snowman, now very much alive.

"Hello, Max! I'm Snowy!" the snowman exclaimed, his coal eyes sparkling with delight.

Max could hardly believe his eyes. "Snowy! You're alive! This is incredible!"

"Yes, I am," Snowy replied with a twinkle in his eye. "And I think we're going to have the most wonderful adventures together."

And so, Max and Snowy became the best of friends. They spent their days exploring Frostville, building snow forts, and having epic snowball fights. But one day, as they were playing near the edge of the forest, they stumbled upon something extraordinary—a hidden pathway covered in sparkling snowflakes that seemed to glow with a magical light.

"Let's see where it leads!" Max suggested, his eyes wide with excitement.

With Snowy leading the way, they followed the path deep into the forest. The further they went, the more enchanting their surroundings became. The trees sparkled with ice crystals, and the air was filled with the sweet scent of pine.

Eventually, they arrived at a magnificent ice palace, its towers glistening in the winter sun. At the entrance stood a regal figure with flowing silver hair and a gown made of shimmering ice. She was the Winter Queen, ruler of the magical winter land.

"Welcome, Max and Snowy," the Winter Queen greeted them warmly. "I have been expecting you."

Max and Snowy exchanged amazed glances. "You know who we are?" Max asked.

"Of course," the Winter Queen replied with a kind smile. "I have watched over Frostville for many years. When I saw your wish, Max, I decided to grant it. Snowy has a special purpose, and so do you."

Snowy and Max listened intently as the Winter Queen explained that the magical winter land was in danger. A wicked sorcerer named Frostbite had stolen the Heart of Winter, a powerful crystal that kept the land beautiful and the winters gentle. Without it, the land would plunge into eternal darkness and cold.

"I need your help to retrieve the Heart of Winter and restore balance to our land," the Winter Queen pleaded.

Max and Snowy didn't hesitate. "We'll help!" Max declared. "Tell us what we need to do."

The Winter Queen handed them a map and a key made of ice. "This map will guide you to Frostbite's lair. The key will unlock the chamber where the Heart of Winter is kept. But be careful—Frostbite is cunning and will do everything in his power to stop you."

Max and Snowy set off on their quest, their hearts filled with determination. They followed the map through treacherous icy terrains, over frozen rivers, and past towering ice cliffs. Along the way, they encountered various challenges—slippery ice bridges, fierce snowstorms, and mischievous ice sprites.

At one point, they came across a deep ravine with only a narrow, icy bridge to cross. Max hesitated, but Snowy encouraged him. "We can do this together, Max. Just hold my hand, and we'll make it across."

With Snowy's reassuring words, Max found the courage to step onto the bridge. They carefully made their way across, helping each other whenever they slipped. Their teamwork and friendship made them stronger, and they eventually reached the other side safely.

As they continued their journey, they finally arrived at Frostbite's lair—a dark, foreboding cave covered in jagged ice. The entrance was guarded by Frostbite's icy minions, who hissed and snarled at the intruders.

Max and Snowy knew they had to be clever. "I'll create a diversion," Snowy whispered. "You sneak in and find the chamber with the Heart of Winter."

Max nodded and watched as Snowy rolled into a giant snowball and barreled toward the minions, scattering them in all directions. With the path clear, Max slipped into the cave and followed the map to the hidden chamber.

Inside, he found the Heart of Winter, glowing with a beautiful, ethereal light. But just as he reached out to take it, Frostbite appeared, his eyes cold and menacing.

"You think you can steal my treasure?" Frostbite sneered. "You will never leave this place!"

Max stood his ground, his heart pounding. "The Heart of Winter doesn't belong to you, Frostbite. It belongs to everyone."

Frostbite laughed cruelly. "Foolish boy! You don't stand a chance against me."

At that moment, Snowy burst into the chamber, his coal eyes blazing with determination. "You underestimate the power of friendship, Frostbite!"

Together, Max and Snowy confronted the sorcerer. Max used the key to unlock the chamber, and the Heart of Winter's light grew even brighter, filling the cave with warmth and hope. Frostbite's icy powers began to wane, and he shrieked in anger.

"No! This can't be happening!" he cried as he was engulfed by the light, his dark form melting away.

With Frostbite defeated, Max carefully took the Heart of Winter and carried it back to the Winter Queen. She smiled with gratitude as she placed the crystal back in its rightful place.

The land was instantly restored to its former glory, with gentle snowflakes falling and a radiant sun shining overhead.

"You have done a great deed, Max and Snowy," the Winter Queen said, her eyes sparkling with pride. "Because of your bravery and friendship, our land is safe once more."

Max and Snowy returned to Frostville as heroes, their adventure becoming the stuff of legends. The villagers celebrated their bravery with a grand winter festival, complete with ice skating, hot cocoa, and a dazzling fireworks display.

As the night drew to a close, Max and Snowy stood together, watching the fireworks light up the sky. "I knew this winter would be special," Max said, smiling at his magical friend.

Snowy nodded, his coal eyes twinkling. "And it's all thanks to you, Max. You've shown that even the smallest wish can lead to the grandest adventures."

And so, in the enchanting village of Frostville, Max and Snowy continued to share many more magical winters together, their friendship growing stronger with each passing season. They knew that as long as they had each other, there was no challenge they couldn't face and no adventure too grand.

# Snemanden og det Magiske Vintereventyr

DER VAR ENGANG I DEN charmerende lille landsby Frostville, hvor hver vinter var mere fortryllende end den sidste, en dreng ved navn Max. Max var en munter, nysgerrig dreng, der elskede vintersæsonen mere end noget andet. Han elskede, hvordan sneen dækkede landsbyen og gjorde den til et magisk vidunderland. Men mest af alt elskede Max at bygge snemænd.

En snefyldt eftermiddag, mens snefnuggene dansede blidt fra himlen, besluttede Max, at det var den perfekte dag til at skabe sin bedste snemand nogensinde. Han pakkede sig ind i sit varmeste tøj og begav sig ud i forhaven, fast besluttet på at bygge en snemand, der ville imponere alle i Frostville.

Max arbejdede utrætteligt, rullede tre enorme snebolde og stablede dem omhyggeligt. Han gav sin snemand kuløjne, en gulerodsnæse og et stort, venligt smil lavet af småsten. Han fandt endda en gammel hat og et tørklæde på loftet for at fuldende looket. Da Max trådte tilbage for at beundre sin skabelse, kunne han ikke lade være med at føle sig en smule trist over, at hans snemand ikke kunne bevæge sig eller tale.

"Jeg ville ønske, du kunne komme til live og blive min ven," sagde Max længselsfuldt. Han vidste ikke, at hans ønske var ved at gå i opfyldelse.

Den nat, mens Max sov trygt i sin seng, strøg en stjerneskud over himlen og landede lige midt i Frostville. Dets magiske lys spredte sig over landsbyen og nåede Max' snemand. Snemanden begyndte at skinne og ryste, og inden længe sprang han til live!

Max vågnede næste morgen til lyden af nogen, der kaldte hans navn. Han skyndte sig hen til vinduet og gispede af forundring. Der, der vinkede venligt til ham, var hans snemand, nu meget levende.

"Hej, Max! Jeg er Snemanden!" udbrød snemanden, hans kuløjne funklende af begejstring.

Max kunne næsten ikke tro sine øjne. "Snemanden! Du er levende! Det er utroligt!"

"Ja, det er jeg," svarede Snemanden med et glimt i øjet. "Og jeg tror, vi kommer til at have de mest vidunderlige eventyr sammen."

Og så blev Max og Snemanden de bedste venner. De tilbragte dagene med at udforske Frostville, bygge snemandsslotte og have episke sneboldkampe. Men en dag, mens de legede nær skovens kant, stødte de på noget ekstraordinært - en skjult sti dækket af funklende snefnug, der syntes at gløde af en magisk lys.

"Lad os se, hvor den fører hen!" foreslog Max, hans øjne vidt åbne af spænding.

Med Snemanden i spidsen fulgte de stien dybt ind i skoven. Jo længere de gik, jo mere fortryllende blev deres omgivelser.

Træerne funklede med iskrystaller, og luften var fyldt med en sød duft af gran.

Til sidst ankom de til et storslået ispalads, hvis tårne glimtede i vintersolen. Ved indgangen stod en majestætisk skikkelse med strømmende sølvhår og en kjole lavet af skinnende is. Hun var Vinterdronningen, hersker over det magiske vinterland.

"Velkommen, Max og Snemanden," hilste Vinterdronningen dem varmt. "Jeg har ventet på jer."

Max og Snemanden udvekslede forbløffede blikke. "Du ved, hvem vi er?" spurgte Max.

"Selvfølgelig," svarede Vinterdronningen med et venligt smil. "Jeg har vogtet over Frostville i mange år. Da jeg så dit ønske, Max, besluttede jeg at opfylde det. Snemanden har en særlig opgave, og det har du også."

Max og Snemanden lyttede opmærksomt, mens Vinterdronningen forklarede, at det magiske vinterland var i fare. En ond troldmand ved navn Frostkoldt havde stjålet Vinterens Hjerte, en kraftfuld krystal, der holdt landet smukt og vintrene milde. Uden den ville landet synke ned i evig mørke og kulde.

"Jeg har brug for jeres hjælp til at hente Vinterens Hjerte og genoprette balancen i vores land," bad Vinterdronningen.

Max og Snemanden tøvede ikke. "Vi vil hjælpe!" erklærede Max. "Fortæl os, hvad vi skal gøre."

Vinterdronningen rakte dem et kort og en nøgle lavet af is. "Dette kort vil guide jer til Frostkoldts skjulested. Nøglen vil låse op for kammeret, hvor Vinterens Hjerte opbevares. Men vær forsigtige - Frostkoldt er snedig og vil gøre alt for at stoppe jer."

Max og Snemanden begav sig ud på deres mission, deres hjerter fyldt med beslutsomhed. De fulgte kortet gennem farlige iskolde terræner, over frosne floder og forbi høje isklipper. Undervejs stødte de på forskellige udfordringer - glatte isbroer, voldsomme snestorme og drillende isånder.

På et tidspunkt kom de forbi en dyb kløft med kun en smal, iset bro at krydse. Max tøvede, men Snemanden opmuntrede ham. "Vi kan klare det sammen, Max. Hold bare min hånd, så kommer vi over."

Med Snemandens beroligende ord fandt Max mod til at træde ud på broen. De krydsede omhyggeligt, hjælpende hinanden når de faldt. Deres teamwork og venskab gjorde dem stærkere, og de nåede til sidst den anden side i sikkerhed.

Da de fortsatte deres rejse, nåede de endelig Frostkoldts skjulested - en mørk, truende hule dækket af skarpe iskrystaller. Indgangen blev bevogtet af Frostkoldts isede håndlangere, der hvæsede og knurrede ad indtrængerne.

Max og Snemanden vidste, at de måtte være kløgtige. "Jeg vil skabe en afledning," hviskede Snemanden. "Du sniger dig ind og finder kammeret med Vinterens Hjerte."

Max nikkede og så, hvordan Snemanden rullede sig sammen til en kæmpe snebold og kastede sig mod håndlangerne, der spredte sig i alle retninger. Med vejen fri trådte Max ind i hulen og fulgte kortet til det skjulte kammer.

Indeni fandt han Vinterens Hjerte, der glødede med et smukt, ethereal lys. Men lige som han strakte sig efter at tage det, dukkede Frostkoldt op, hans øjne kolde og truende.

"Du tror, du kan stjæle min skat?" hvæsede Frostkoldt. "Du kommer aldrig levende herfra!"

Max stod fast, hans hjerte hamrende. "Vinterens Hjerte tilhører ikke dig, Frostkoldt. Det tilhører alle."

Frostkoldt lo grusomt. "Dumme dreng! Du har ingen chance mod mig."

I det øjeblik brød Snemanden ind i kammeret, hans kuløjne blussede af beslutsomhed. "Du undervurderer kraften i venskab, Frostkoldt!"

Sammen konfronterede Max og Snemanden troldmanden. Max brugte nøglen til at låse kammeret op, og Vinterens Hjertes lys blev endnu lysere, og fyldte hulen med varme og håb. Frostkoldts iskolde kræfter begyndte at svækkes, og han skreg af raseri.

"Nej! Dette kan ikke være sandt!" råbte han, mens han blev opslugt af lyset, hans mørke form smeltede væk.

Med Frostkoldt besejret tog Max omhyggeligt Vinterens Hjerte og bragte det tilbage til Vinterdronningen. Hun smilede taknemmeligt, da hun placerede krystallen tilbage på dens retmæssige plads. Landet blev straks genoprettet til sin tidligere herlighed, med blide snefnug der faldt og en strålende sol, der skinnede overhead.

"I har udført en stor gerning, Max og Snemanden," sagde Vinterdronningen, hendes øjne funklede af stolthed. "På grund af jeres mod og venskab er vores land sikkert igen."

Max og Snemanden vendte tilbage til Frostville som helte, deres eventyr blev til legender. Landsbyens beboere fejrede deres mod med en storslået vinterfest, komplet med skøjteløb, varm kakao og et fantastisk fyrværkerishow.

Da natten nærmede sig sin afslutning, stod Max og Snemanden sammen og betragtede fyrværkeriet lyse himlen op. "Jeg vidste, at denne vinter ville være særlig," sagde Max og smilede til sin magiske ven.

Snemanden nikkede, hans kuløjne glimtede. "Og det er alt takket være dig, Max. Du har vist, at selv det mindste ønske kan føre til de største eventyr."

Og således, i den fortryllende landsby Frostville, fortsatte Max og Snemanden med at dele mange flere magiske vintre sammen, deres venskab blev stærkere med hver sæson. De vidste, at så længe de havde hinanden, var der ingen udfordring, de ikke kunne klare, og ingen eventyr for stort.

# Luna and the Enchanted Forest

IN THE QUAINT VILLAGE of Pinewood, nestled between rolling hills and vast forests, lived a young girl named Ella. Ella was known for her adventurous spirit and boundless imagination. She loved exploring the woods and spinning tales about mythical creatures. Among all the creatures she dreamed of, unicorns fascinated her the most. She would often imagine meeting one and embarking on a magical adventure.

One fine morning, as the sun's rays filtered through the trees, casting a golden glow over Pinewood, Ella decided to explore a part of the forest she had never ventured into before. She packed her little backpack with some sandwiches, an apple, and her favorite book of fairy tales, then set off on her adventure.

The deeper Ella ventured into the forest, the more enchanting it became. The trees seemed to whisper secrets, and the air was filled with the sweet scent of flowers. She followed a winding path that led her to a clearing surrounded by ancient oaks and shimmering with sunlight.

As Ella sat down to rest and enjoy her sandwiches, she heard a soft, melodious sound. It was unlike anything she had ever heard before, almost like a gentle hum mixed with the tinkling of bells. Intrigued, Ella followed the sound, pushing through the thick underbrush until she emerged into another clearing.

There, in the middle of the clearing, stood the most magnificent creature Ella had ever seen—a unicorn. It had a coat as white as snow, a mane that shimmered with all the colors of the rainbow, and a golden horn that sparkled in the sunlight. The unicorn was grazing peacefully, its presence exuding a sense of calm and magic.

Ella gasped, unable to believe her eyes. "A unicorn," she whispered to herself, her heart pounding with excitement.

The unicorn looked up, its gentle eyes meeting Ella's. To her amazement, it stepped closer, as if inviting her to come nearer. Ella took a deep breath and slowly approached the unicorn, her hand outstretched. The unicorn nuzzled her hand gently, its fur soft and warm.

"Hello, I'm Ella," she said softly. "What's your name?"

The unicorn seemed to understand her. A gentle voice echoed in Ella's mind. "I am Luna. I have been waiting for you, Ella."

Ella's eyes widened in surprise. "You can talk!"

"In a way," Luna replied. "Through thoughts and feelings. I have a special task for you, Ella. The Enchanted Forest is in danger, and only you can help save it."

Ella listened intently as Luna explained that the Enchanted Forest, hidden deep within Pinewood, was the source of all magic in the land. However, a dark force known as the Shadow had begun to creep into the forest, threatening to extinguish its magic and turn it into a place of despair.

"The Heart of the Forest, a magical crystal, has been stolen by the Shadow," Luna said. "Without it, the forest will wither and die. I need your help to retrieve it and restore balance."

Ella felt a surge of determination. "I'll do it, Luna. Tell me what I need to do."

Luna nodded, her eyes filled with gratitude. "Follow me. The journey will be long and perilous, but together we can overcome any obstacle."

Ella climbed onto Luna's back, and the unicorn galloped through the forest with grace and speed. They passed through dense woods, crossed sparkling streams, and climbed steep hills. Along the way, Luna taught Ella about the creatures of the forest and the secrets of its magic.

After a long and arduous journey, they reached the edge of the Enchanted Forest. The trees here were dark and twisted, and the air was thick with an eerie silence. Ella could feel the presence of the Shadow, a cold, creeping sensation that sent shivers down her spine.

"We must be cautious," Luna warned. "The Shadow's minions are everywhere."

Ella and Luna moved stealthily through the forest, avoiding the dark creatures that lurked in the shadows. They finally arrived at a clearing where a tall, sinister figure stood, holding the Heart of the Forest in its gnarled hand. The figure was cloaked in darkness, its eyes glowing with a menacing light.

"You dare to challenge me?" the Shadow hissed, its voice echoing through the clearing.

Ella stepped forward, her heart racing but her resolve unwavering. "The Heart of the Forest doesn't belong to you. I'm here to take it back."

The Shadow laughed, a cold, cruel sound. "Foolish child. You are no match for my power."

Luna stepped beside Ella, her horn glowing with a brilliant light. "You underestimate the power of courage and friendship, Shadow."

Together, Ella and Luna faced the Shadow. Luna's horn shone brighter and brighter, filling the clearing with a warm, radiant light. Ella felt the magic of the forest flowing through her, giving her strength. She reached out her hand, and the Heart of the Forest began to glow in response.

"No!" the Shadow shrieked, recoiling from the light. "This cannot be!"

With a final burst of courage, Ella and Luna channeled their combined strength, and the Heart of the Forest was wrenched from the Shadow's grasp. The dark figure dissolved into the ground, defeated by the power of their unity and bravery.

The Heart of the Forest floated gently into Ella's hands, its warmth and light filling her with a sense of peace and triumph. Luna nuzzled her gently, her eyes shining with pride.

"You did it, Ella. The forest is saved."

Ella smiled, tears of joy streaming down her cheeks. "We did it together, Luna."

With the Heart of the Forest restored to its rightful place, the Enchanted Forest came alive with magic once more. The trees blossomed, the air was filled with the sweet scent of flowers, and the creatures of the forest emerged from their hiding places, rejoicing.

Ella and Luna returned to Pinewood, where the villagers greeted them as heroes. The story of their adventure spread far and wide, becoming a legend that would be told for generations.

From that day on, Ella knew that she had a special bond with the Enchanted Forest and its magical creatures. She continued to visit Luna and explore the wonders of the forest, always ready for new adventures.

And so, in the quaint village of Pinewood, the magic of the Enchanted Forest lived on, a testament to the power of courage, friendship, and the belief that even the smallest person can make a big difference.

# Luna og den Fortryllede Skov

I DEN LILLE LANDSBY Pinewood, der lå mellem bølgende bakker og store skove, boede en ung pige ved navn Ella. Ella var kendt for sin eventyrlystne ånd og ubegrænsede fantasi. Hun elskede at udforske skovene og digte historier om mytiske væsener. Blandt alle de skabninger, hun drømte om, fascinerede enhjørninger hende mest. Hun forestillede sig ofte at møde en og begive sig ud på et magisk eventyr.

En smuk morgen, da solens stråler filtrerede gennem træerne og kastede et gyldent skær over Pinewood, besluttede Ella at udforske en del af skoven, hun aldrig havde været i før. Hun pakkede sin lille rygsæk med nogle sandwiches, et æble og sin yndlingsbog med eventyr, og så begav hun sig ud på sit eventyr.

Jo dybere Ella bevægede sig ind i skoven, jo mere fortryllende blev den. Træerne syntes at hviske hemmeligheder, og luften var fyldt med den søde duft af blomster. Hun fulgte en snoet sti, der førte hende til en lysning omgivet af gamle egetræer og strålende i sollyset.

Da Ella satte sig for at hvile og nyde sine sandwiches, hørte hun en blød, melodisk lyd. Den var anderledes end noget, hun nogensinde havde hørt før, næsten som en blid summen blandet med klirrende klokker. Nysgerrig fulgte Ella lyden, og skubbede sig gennem det tætte krat, indtil hun kom frem til en anden lysning.

Der, midt i lysningen, stod det mest storslåede væsen, Ella nogensinde havde set - en enhjørning. Den havde en pels hvid som sne, en manke der skinnede i alle regnbuens farver, og et gyldent horn, der gnistrede i sollyset. Enhjørningen græssede fredeligt, dens tilstedeværelse udstrålede ro og magi.

Ella gispede og kunne næsten ikke tro sine egne øjne. "En enhjørning," hviskede hun for sig selv, hendes hjerte bankede af spænding.

Enhjørningen kiggede op, og dens milde øjne mødte Ellas. Til hendes forbløffelse trådte den nærmere, som om den inviterede hende til at komme tættere på. Ella tog en dyb indånding og nærmede sig langsomt enhjørningen med hånden strakt frem. Enhjørningen nussede hendes hånd blidt, dens pels var blød og varm.

"Hej, jeg hedder Ella," sagde hun stille. "Hvad hedder du?"

Enhjørningen syntes at forstå hende. En blid stemme lød i Ellas sind. "Jeg er Luna. Jeg har ventet på dig, Ella."

Ellas øjne blev store af overraskelse. "Du kan tale!"

"På en måde," svarede Luna. "Gennem tanker og følelser. Jeg har en særlig opgave til dig, Ella. Den Fortryllede Skov er i fare, og kun du kan hjælpe med at redde den."

Ella lyttede opmærksomt, mens Luna forklarede, at Den Fortryllede Skov, gemt dybt inde i Pinewood, var kilden til al magi i landet. Men en mørk kraft kendt som Skyggen var begyndt at snige sig ind i skoven og truede med at udslette dens magi og forvandle den til et sted af fortvivlelse.

"Hjertet af Skoven, en magisk krystal, er blevet stjålet af Skyggen," sagde Luna. "Uden den vil skoven visne og dø. Jeg har brug for din hjælp til at hente den tilbage og genoprette balancen."

Ella følte en bølge af beslutsomhed. "Jeg vil gøre det, Luna. Fortæl mig, hvad jeg skal gøre."

Luna nikkede, hendes øjne fyldt med taknemmelighed. "Følg mig. Rejsen vil være lang og farlig, men sammen kan vi overvinde enhver forhindring."

Ella klatrede op på Lunas ryg, og enhjørningen galopperede gennem skoven med ynde og hastighed. De passerede gennem tætte skove, krydsede funklende floder og klatrede op ad stejle bakker. Undervejs lærte Luna Ella om skovens væsener og dens magiske hemmeligheder.

Efter en lang og anstrengende rejse nåede de kanten af Den Fortryllede Skov. Træerne her var mørke og snoede, og luften var tyk af en uhyggelig stilhed. Ella kunne mærke Skyggens tilstedeværelse, en kold, krybende fornemmelse, der sendte kuldegysninger ned ad hendes ryg.

"Vi må være forsigtige," advarede Luna. "Skyggens håndlangere er overalt."

Ella og Luna bevægede sig forsigtigt gennem skoven og undgik de mørke væsener, der lurede i skyggerne. De nåede endelig en lysning, hvor en høj, truende skikkelse stod med Hjertet af Skoven i sin knudrede hånd. Skikkelsen var indhyllet i mørke, og dens øjne glødede med et truende lys.

"I vover at udfordre mig?" hvæsede Skyggen, dens stemme rungede gennem lysningen.

Ella trådte frem, hendes hjerte hamrende, men hendes beslutsomhed urokkelig. "Hjertet af Skoven tilhører ikke dig. Jeg er her for at tage det tilbage."

Skyggen lo, en kold, grusom lyd. "Tåbelige barn. Du er ingen match for min magt."

Luna trådte frem ved siden af Ella, hendes horn strålende med et blændende lys. "Du undervurderer modets og venskabets magt, Skygge."

Sammen konfronterede Ella og Luna Skyggen. Lunas horn skinnede lysere og lysere, fyldte lysningen med et varmt, strålende lys. Ella følte skovens magi strømme gennem sig og give hende styrke. Hun rakte hånden ud, og Hjertet af Skoven begyndte at gløde som svar.

"Nej!" skreg Skyggen, idet den krympede sig for lyset. "Dette kan ikke ske!"

Med en sidste bølge af mod kanaliserede Ella og Luna deres samlede styrke, og Hjertet af Skoven blev vrænget ud af Skyggens greb. Den mørke skikkelse opløstes i jorden, besejret af deres enhed og mod.

Hjertet af Skoven svævede blidt ind i Ellas hænder, dets varme og lys fyldte hende med en følelse af fred og triumf. Luna nussede hende blidt, hendes øjne strålende af stolthed.

"Du gjorde det, Ella. Skoven er reddet."

Ella smilede, tårer af glæde strømmede ned ad hendes kinder. "Vi gjorde det sammen, Luna."

Med Hjertet af Skoven genoprettet til sin rette plads, kom Den Fortryllede Skov til live igen med magi. Træerne sprang ud i blomst, luften var fyldt med den søde duft af blomster, og skovens væsener kom frem fra deres skjul, jublende.

Ella og Luna vendte tilbage til Pinewood, hvor landsbybeboerne hilste dem som helte. Historien om deres eventyr spredte sig vidt og bredt og blev til en legende, der ville blive fortalt i generationer.

Fra den dag vidste Ella, at hun havde et særligt bånd til Den Fortryllede Skov og dens magiske væsener. Hun fortsatte med at besøge Luna og udforske skovens vidundere, altid klar til nye eventyr.

Og således levede magien i Den Fortryllede Skov videre i den lille landsby Pinewood, et vidnesbyrd om modets og venskabets kraft og troen på, at selv den mindste person kan gøre en stor forskel.